PAPER SOLDIERS BY SIMONE CRIVELLI

THE ITALIAN ARMY 1859 - 1911

SERIES EDITED BY

LUCA STEFANO CRISTINI

AUTHOR

Simone Crivelli nato nel 1974 a Verona, è un giovane artista veronese con la passione per la storia e l'uniformologia. Questo che pubblichiamo è una rivisitazione di un suo precedente lavoro eseguito con Luca Stefano Cristini. Simone ha poi realizzato nuove tavole che rendono questa nuova pubblicazione particolarmente interessante.

Simone Crivelli, born in 1974 in Verona, is an Italian young artist from Verona with a passion for history and uniformology. This is a review of a previous work done with Luca Stefano Cristini. Simone has then realized new tables that make this new publication particularly interesting.

PUBLISHING'S NOTE

PAPER SOLDIERS SERIES

La collana è dedicata alla storia e alla collezione de mitici soldatini di carta o ai soldatini da warfame. In ogni volume preziose raccolte di soldatini stampati il secolo scorso (e anche prima), provenienti dalle nostre collezioni, ma anche nuovi figurini realizzati con abile maestria dai nostri bravi autori. Sempre con l'intento di fornirvi illustrazioni di grande qualità.

RINGRAZIAMENTI E CREDITI FOTOGRAFICI - PHOTOGRAPHIC CREDITS:

Le tavole sono generalmente opera dell'autore o dell'illustratore indicato. La gran parte del resto dell'iconografia usata appartiene all'archivio dell'editore, foto scattate dall'autore, o materiale di amici collezionisti. L'Editore rimane in ogni caso a disposizione degli eventuali aventi diritto per tutte le fonti iconografiche dubbie o non identificate.

Title: **PAPER SOLDIERS BY SIMONE CRIVELLI - THE ITALIAN ARMY 1859-1911**
Serie edit by Luca S. Cristini. First edition by Soldiershop. April 2022
Cover & Art Design: Luca S. Cristini. ISBN code: 978-88-93278492
Published by Luca Cristini Editore, via Orio 35/4- 24050 Zanica (BG) ITALY. www.soldiershop.com

PAPER SOLDIERS
BY SIMONE CRIVELLI
THE ITALIAN ARMY 1859 - 1911

SERIES EDITED BY

LUCA STEFANO CRISTINI

L'ESERCITO ITALIANO

Il soldato italiano compie la veneranda età di 160 anni. Egli è tuttavia un ragazzino, specialmente se comparato con i suoi colleghi europei. Solo il soldato tedesco gli è contemporaneo. Le due grandi nazioni hanno infatti compiuto il faticoso cammino verso l'unità solo nella metà del XIX secolo.
Al contrario Francia, Spagna, Inghilterra, Russia e altri hanno storie secolari di grandi potenze alle spalle. Certo germi di "italianità" vi sono sempre stati, e vi furono anche alcuni momenti nel corso della nostra storia che parvero favorevoli al raggiungimento di un progetto unitario, come ad esempio durante l'avventura napoleonica. Con le repubbliche Cisalpina e Cispadana prima, e il Regno Italico poi.
Questi antenati della nazione Italia finirono col consegnarci il tricolore ma la cosa, come ben sappiamo finì li. Caduto Napoleone, il congresso di Vienna fece opera di restaurazione e tutte le cose tornarono come prima. Quel tricolore venne poi adottato dal piccolo ma agguerrito Regno di Sardegna che si fece carico di portare avanti il tentativo di unificare l'Italia, per ambizione della sua casa regnante: i Savoia, ma anche e soprattutto per la lungimiranza politica e ideale di alcuni altri grandi uomini come Cavour, Mazzini e Garibaldi. Giustamente definiti oggi come padri della patria, essi diedero il via a quel lungo processo noto con il nome di Risorgimento.

Fu la volta di due guerre d'indipendenza combattute essenzialmente dall'armata sarda (ma era piemontese). Dopo la vittoria sui colli di San Martino, e il conseguente infausto armistizio di Villafranca furono creati finalmente i presupposti per fare la Storia nazionale.
Finalmente il 14 marzo 1861 Vittorio Emanuele II di Savoia diventa re d'Italia. Da quel momento ad oggi, a guardia della patria è sempre stato presente l'esercito italiano, prima regio e poi, dal 1946 repubblicano.
Nel corso della sua lunga storia il soldato italiano mostrerà un attivismo acceso, tipico delle giovani nazioni. Porterà a compimento l'unificazione territoriale in una serie di conflitti a partire dalla terza guerra d'indipendenza del 1866, alla conquista di Roma del 20 settembre 1870, fino alla Prima guerra mondiale che ci ha consegnato Trento e Trieste.

Nel mezzo anche diverse altre avventure coloniali od extraeuropee come le guerre in Africa: Eritrea, Somalia, Libia. Cina e Russia e Candia rappresentano i primi nostri impegni internazionali.
Venne quindi il momento del ventennio fascista, la guerra d'Etiopia, la guerra civile spagnola e la tragica Seconda guerra mondiale. L'esercito italiano pagò un alto tributo di sangue. Compì innumerevoli atti di eroismo e di abnegazione, anche nei periodi di pace, attivandosi sempre con molta generosità durante tragici accadimenti di calamità naturali, carestie e altro.
Purtroppo, nel corso della sua storia vi furono anche alcuni errori e sbagli gravi, sempre dovuti, va detto, per scelte operate dai vertici dello stato o dell'esercito. Questi se nulla tolgono alla meritoria e utile opera delle nostre forze armate è opportuno che vengano segnalati.
Ricordiamo fra essi la feroce repressione del generale Bava Beccaris che fece sparare ad alzo zero sulla folla inerme a Milano nel maggio del 1898, ed ancora l'uso indiscriminato del gas usato dai nostri reparti in Etiopia nel 1936.
In questo libro però vogliamo onorare la memoria dei nostri soldati offrendovi, in foggia di "figurini" le uniformi indossate dal 1859 ai nostri giorni. Questo volume mostra anche alcuni soldatini di carta dell'esercito austro-ungarico e turco, allora avversari dell'esercito italiano nelle guerre risorgimentali e nella guerra italo turca del 1911. Tutti i soldatini sono opera del bravo artista veneto Simone Crivelli, cui il libro è dedicato.

THE ITALIAN ARMY

The Italian soldier is now 160 years old. He is nevertheless a young boy, especially if compared to his European colleagues. Only the German soldier is his contemporary. The two great nations have in fact made the arduous journey towards unity only in the middle of the 19th century.

On the contrary, France, Spain, England, Russia and others have centuries of history of great powers behind them. Certainly there have always been germs of *"Italianness"*, and there were also some moments in the course of our history that seemed favorable to the achievement of a unitary project, such as during the Napoleonic adventure. With the Cisalpine and Cispadane Republics first, and then the Kingdom of Italy.

These ancestors of the Italian nation ended up giving us the tricolor but the thing, as we know, ended there. After the fall of Napoleon, the Congress of Vienna did the work of restoration and all things returned as before. That tricolor was then adopted by the small but fierce Kingdom of Sardinia, which was responsible for carrying out the attempt to unify Italy, for the ambition of its ruling house: the Savoy, but also and above all for the political and idealistic farsightedness of some other great men such as Cavour, Mazzini and Garibaldi. Rightly defined today as the fathers of the country, they started the long process known as the *Risorgimento.*

It was the turn of two wars of independence fought essentially by the Sardinian army. After the victory on the hills of San Martino, and the subsequent inauspicious armistice of Villafranca were finally created the conditions for making national history. Finally on March 14, 1861 Vittorio Emanuele II of Savoy became king of Italy. From that moment until today, the Italian army has always been present to guard the homeland, first royal and then, since 1946 republican.

▲ Italian soldiers in the first years of XX century. Artwork by Paoletti.

In the course of its long history, the Italian soldier will show a fierce activism, typical of young nations. It will bring to completion the territorial unification in a series of conflicts starting from the Third War of Independence in 1866, to the conquest of Rome on September 20, 1870, up to the First World War that gave us Trento and Trieste.

In between, there were also various other colonial or extra-European adventures such as the wars in Africa: Eritrea, Somalia, Libya. China, Russia and Candia represented our first international commitments.

Then came the twenty-year Fascist period, the war in Ethiopia, the Spanish Civil War and the tragic Second World War. The Italian army paid a high tribute of blood. It performed innumerable acts of heroism and self-sacrifice, even in times of peace, always activating itself with great generosity during tragic events of natural disasters, famine and more.

Unfortunately, in the course of its history there were also some serious errors and mistakes, always due, it must be said, to choices made by the top management of the state or the army. If these mistakes do not detract from the meritorious and useful work of our armed forces, they should be mentioned.

Among them, we recall the ferocious repression of General Bava Beccaris, who had the defenceless crowd shot at zero in Milan in May of that year.

in Milan in May 1898, and the indiscriminate use of gas by our units in Ethiopia in 1936.

In this book, however, we want to honor the memory of our soldiers by offering you, in the form of "figurines" the uniforms worn from 1859 to the present day. This volume also shows some paper soldiers of the Austro-Hungarian and Turkish armies, then adversaries of the Italian army in the Risorgimento wars and in the Italo-Turkish war of 1911. All the toy soldiers are the work of the talented Venetian artist Simone Crivelli, to whom the book is dedicated.

▲ National officer and colonial soldiers of Italian army in the first years of XX century. Artwork by Paoletti.

THE ITALIAN ARMY
1859 – 1911

..AND THEIR AUSTRIAN AND TURKISH ENEMIES..

In alto: Fanteria italiana tenuta invernale 1859 e ufficiale portastendardo, sotto fanteria italiana in tenuta invernale.

Top: Italian infantry in winter dress 1859 and standard-bearer officer, below Italian infantry in winter dress.

In alto: Fanteria italiana bersaglieri e ufficiale1859, sotto fanteria italiana e ufficiale 1859.

Top: Italian infantry bersaglieri and officer1859, below Italian infantry and officer 1859.

In alto: soldati di artiglieria italiana e ufficiale1859, sotto vari ufficiali esercito piemontese 1859.
Top: Italian artillery soldiers and officer1859, below various officers Piedmontese army 1859.

In alto: Fanteria austro ungarica 1859, sotto fanteria e artiglieri austro ungarici 1859.
Top: Austro Hungarian infantry 1859, under infantry and Austrian Hungarian artillery 1859.

In alto e in basso : cavalleria esercito austro ungarica e porta stendardo di fanteria 1859,
At the top and bottom: Austro Hungarian Army Cavalry and Infantry Standard bearer 1859,

In alto: Jager austriaci e fanteria 1859, sotto: cavalleria austro ungarica 1859
At the top: Austrian jager and Infantry 1859, Below: Austrian Hungarian cavalry 1859

In alto: soldati di fanteria coloniale italiana: bersaglieri e ufficiale1885, sotto soldati e ufficiale esercito in Eritrea 1885.
Top: Italian colonial infantry soldiers: bersaglieri and officer1885, below soldiers and officer army in Eritrea 1885.

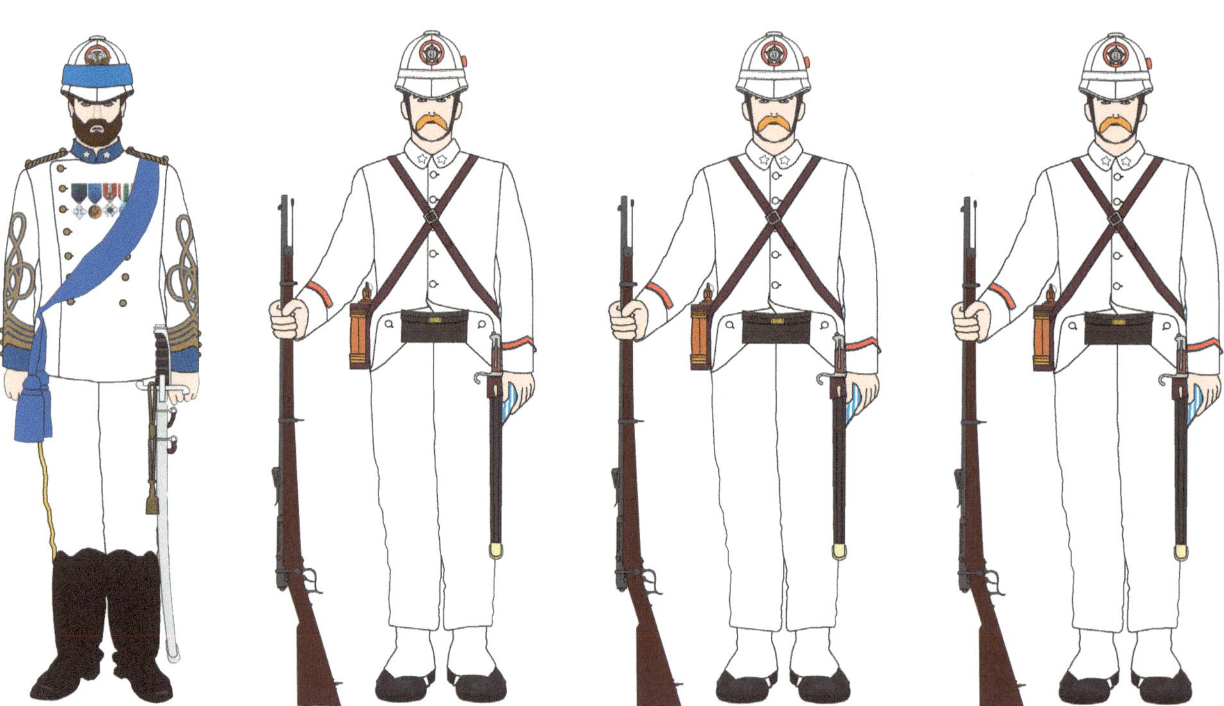

In alto: soldati di fanteria coloniale italiana e ufficiale1885, sotto ufficiali vari esercito in Eritrea 1885.
Top: Italian colonial infantry soldiers and officer1885, below various army officers in Eritrea 1885.

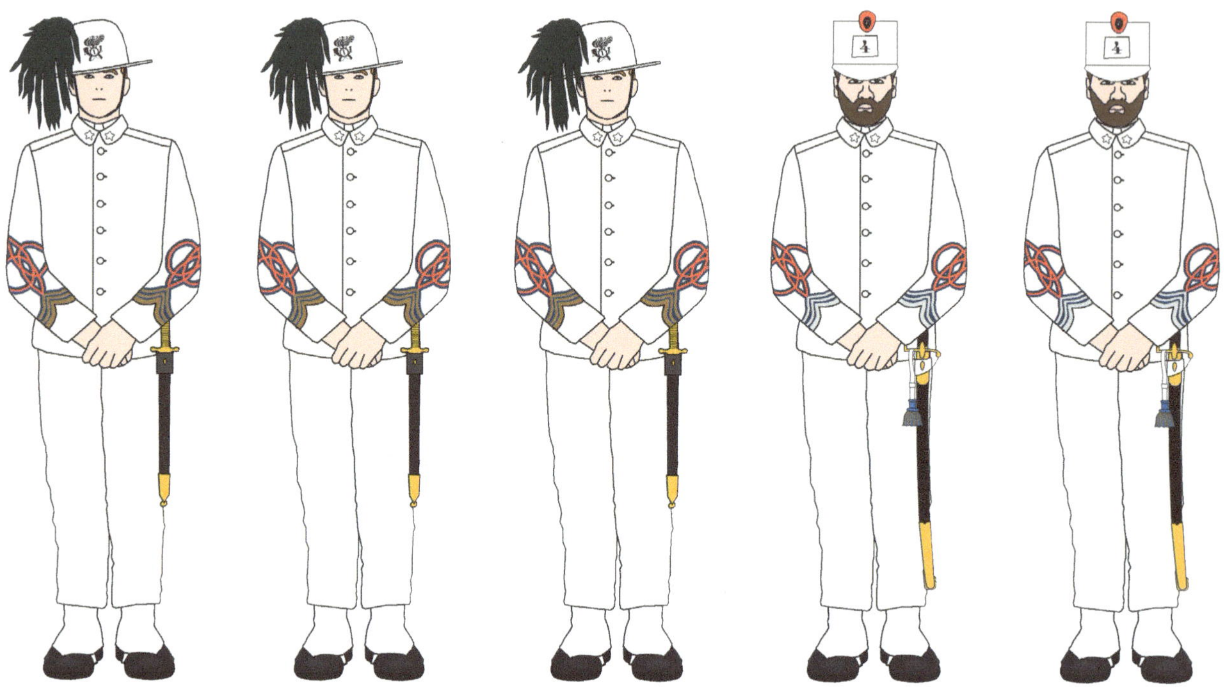

In alto: soldati di fanteria coloniale italiana: bersaglieri e fanti 1885, sotto soldati con fucile esercito in Eritrea 1885.
Top: Italian colonial infantry soldiers: bersaglieri and infantrymen 1885, below soldiers with rifle army in Eritrea 1885.

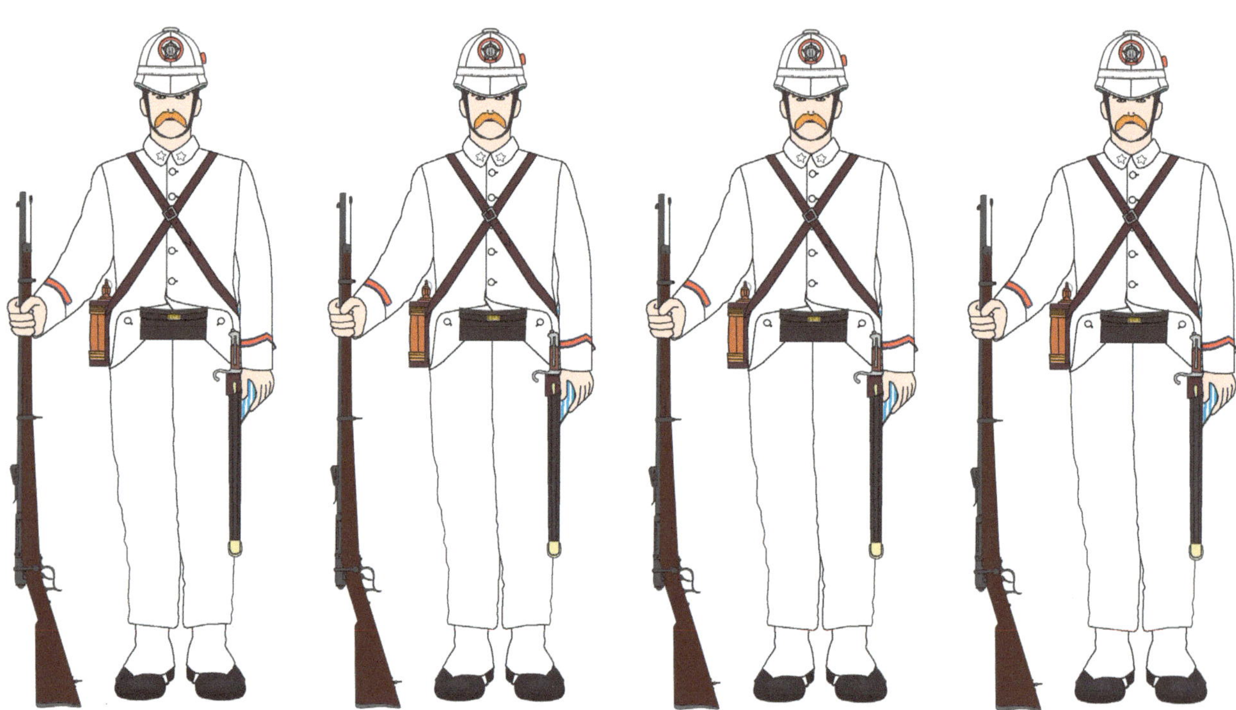

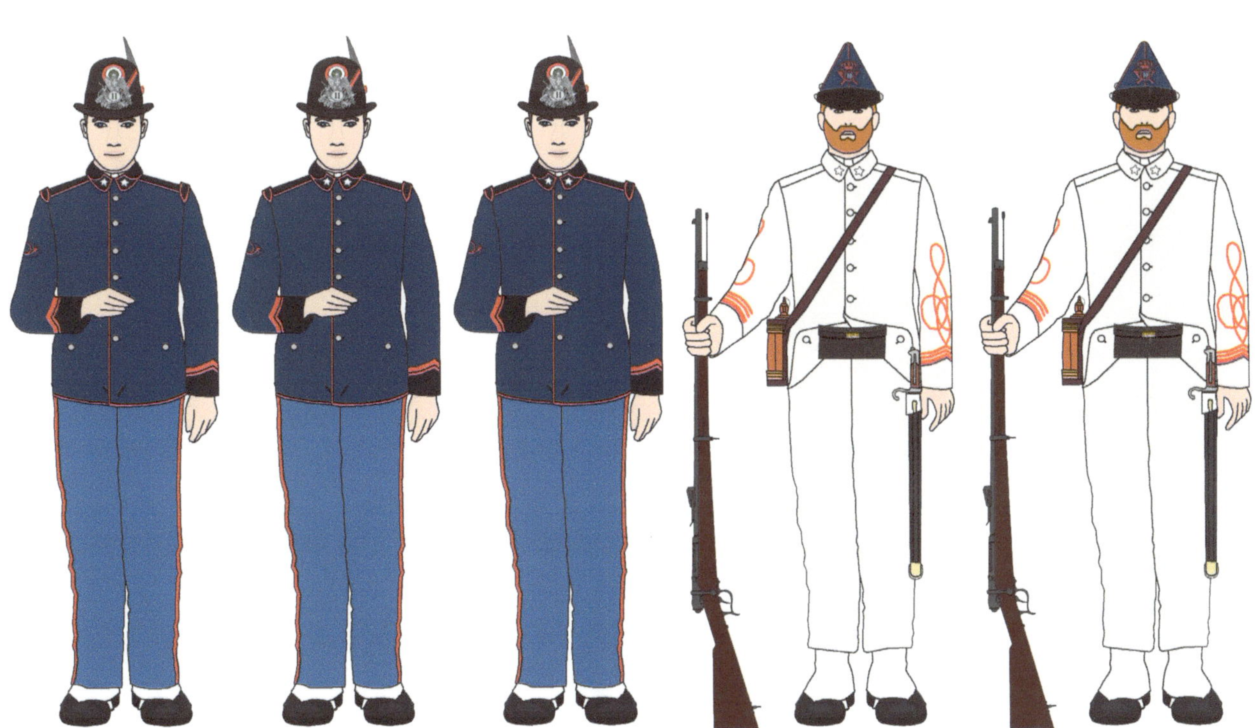

In alto: soldati di fanteria alpina e sottufficiale 1880-90, sotto alpini in tenuta ordinaria e da caserma 1880-90.

Top: alpine infantry soldiers and N.C.O. 1880-90, below alpine soldiers in ordinary and barracks dress 1880-90.

In alto: soldati di fanteria alpina e sottufficiali 1880-90, sotto alpini in tenuta da caserma e sergente1880-90.
Top: alpine infantry soldiers and N.C.O. 1880-90, below alpine soldiers in barracks dress and N.C.O 1880-90.

In alto: soldati di fanteria alpina e sottufficiale 1880-90, sotto alpini e sottufficiali in tenuta ordinaria 1880-90.
Top: alpine infantry soldiers and N.C.O. 1880-90, below alpine soldiers and N.C.O. in ordinary dress 1880-90.

In alto: soldati di fanteria alpina e sottufficiali 1880-90, sotto alpini in tenuta ordinaria e da caserma 1880-90.
Top: alpine infantry soldiers and N.C.O. 1880-90, below alpine soldiers in barracks and ordinary dress 1880-90.

In alto: ufficiali alpini e cavallo 1880-90, sotto ufficiali alpini in varie tenute alpini 1880-90.
Top: Alpine officers and horse 1880-90, below Alpine officers in various Alpine dress 1880-90.

In alto: ufficiali e sottufficiali alpini 1880-90, sotto ufficiali alpini in varie tenute alpini 1880-90.
Top: Alpine officers and NCOs 1880-90, below Alpine officers in various Alpine dress 1880-90.0.

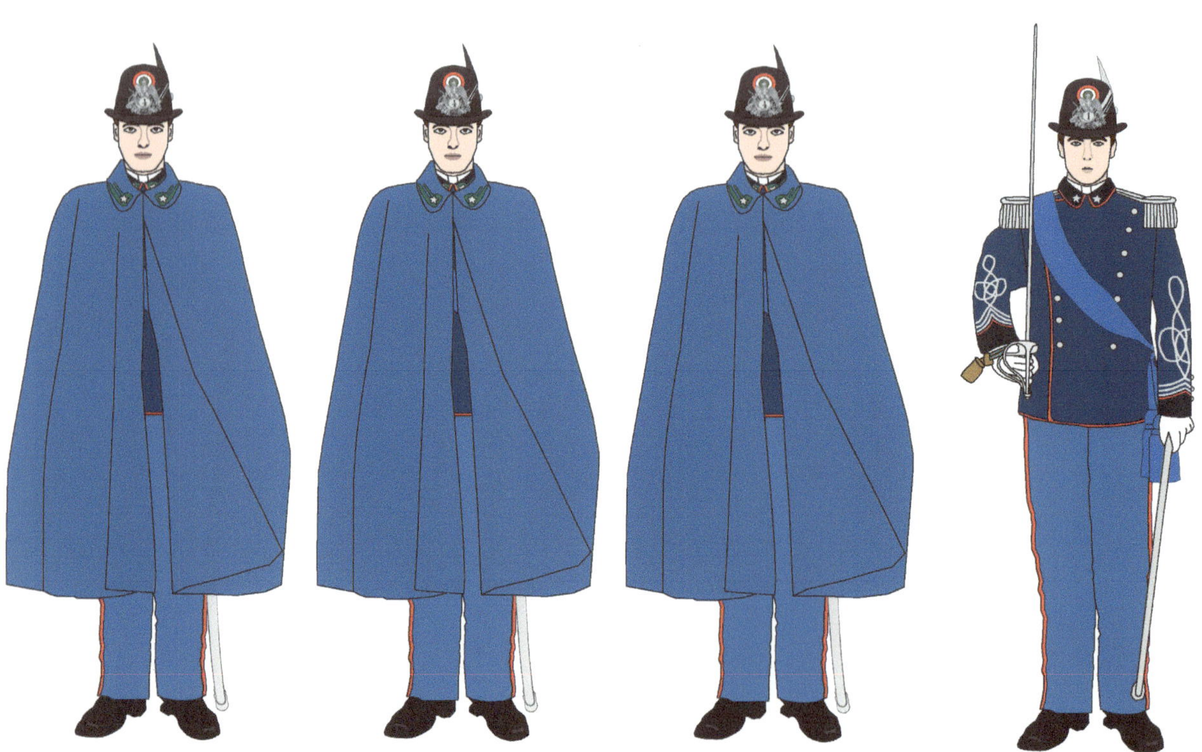

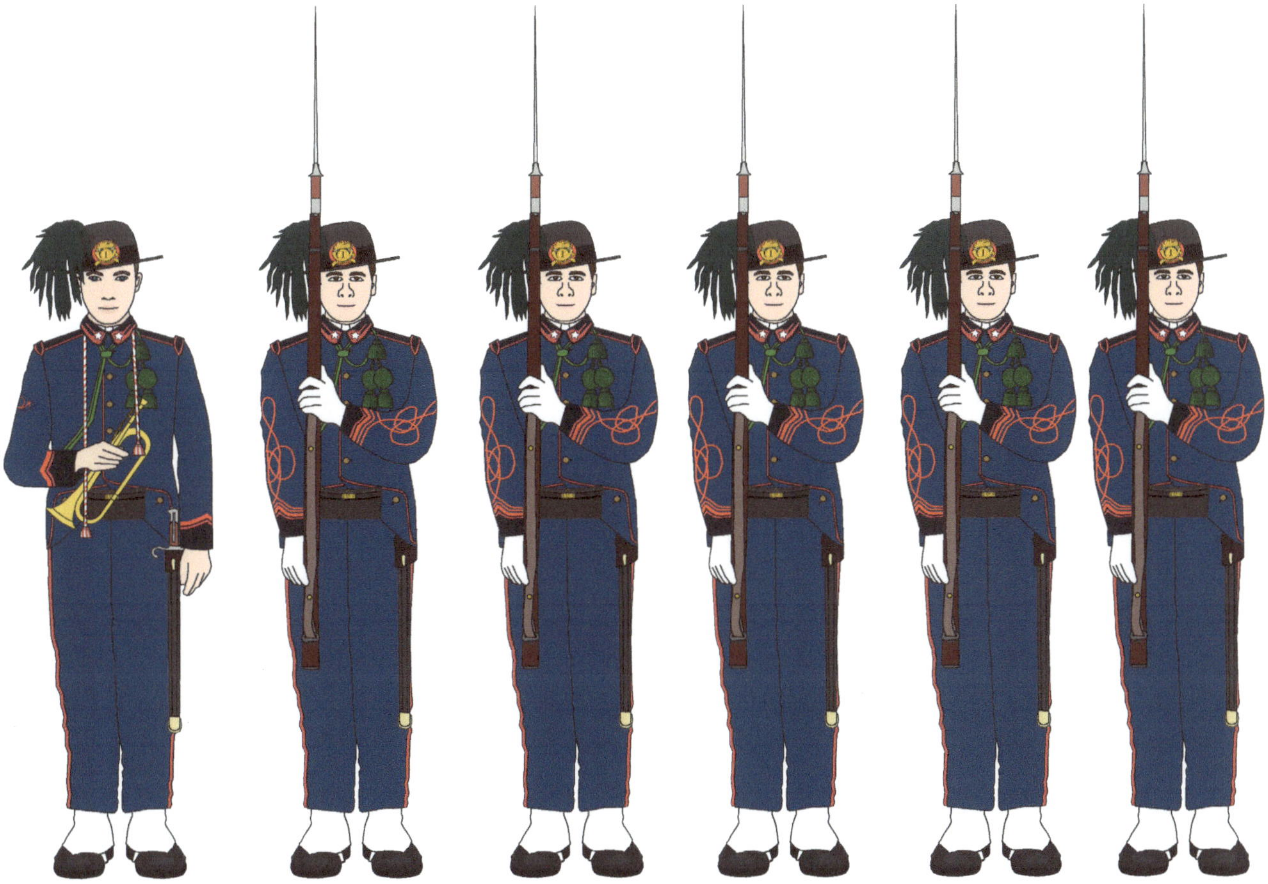

In alto: bersaglieri e tromba 1880-90, sotto bersaglieri semplici e sottufficiali 1880-90.

Top: bersaglieri and bugle 1880-90, below bersaglieri simples and NCOs 1880-90.

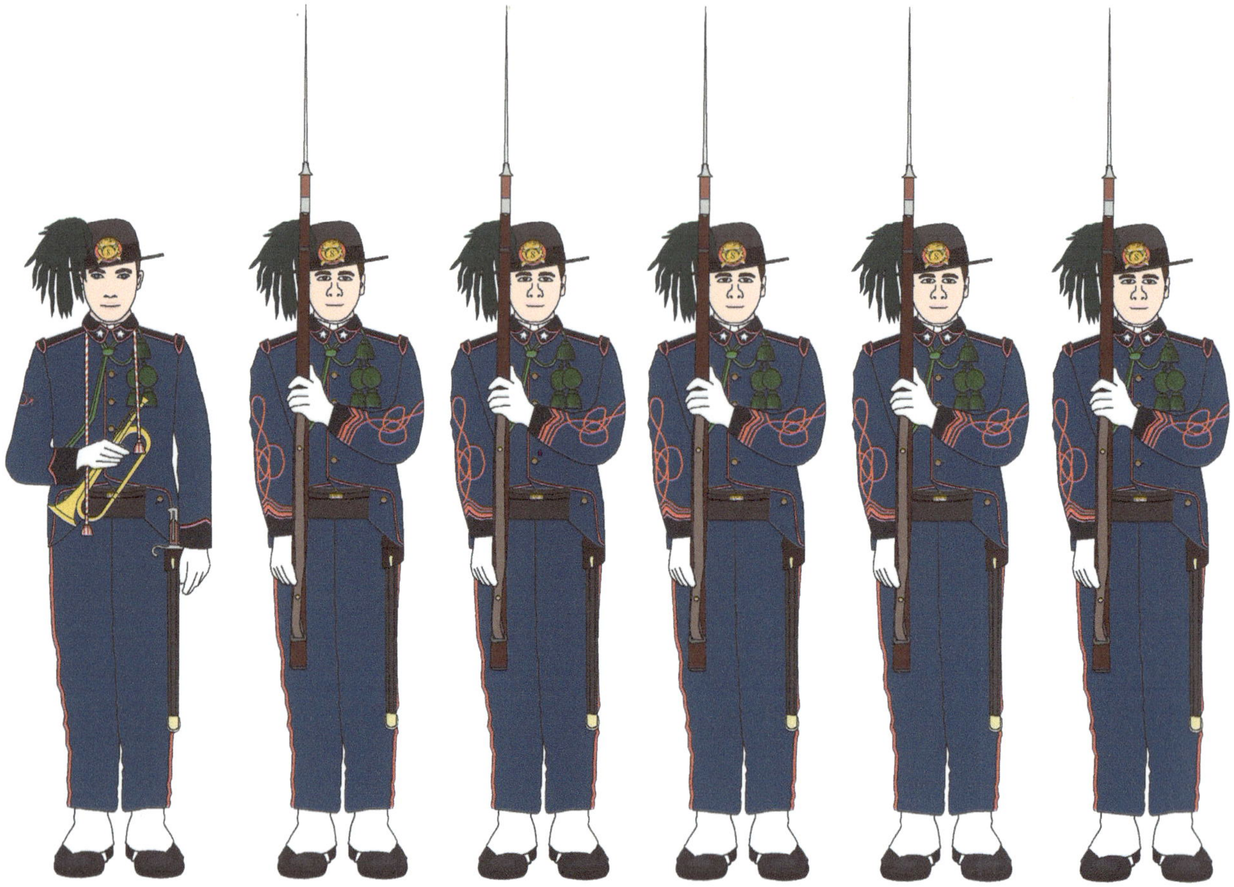

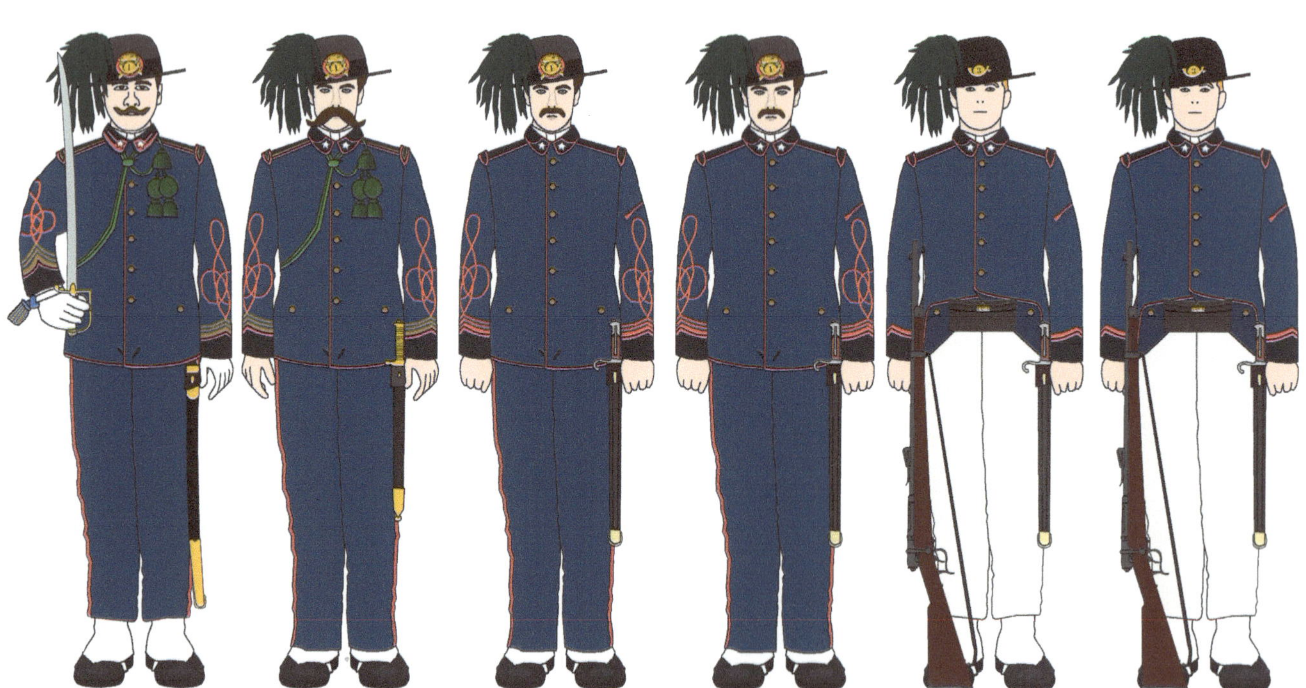

In alto: bersaglieri e tromba 1880-90, sotto bersaglieri semplici e sottufficiali 1880-90.
Top: bersaglieri and bugle 1880-90, below bersaglieri simples and NCOs 1880-90.

In alto: bersaglieri e sottufficiali 1880-90, sotto bersaglieri semplici e sottufficiali 1880-90.
Top: bersaglieri soldiers and N.C.O. 1880-90, below bersaglieri soldiers and N.C.O. 1880-90.

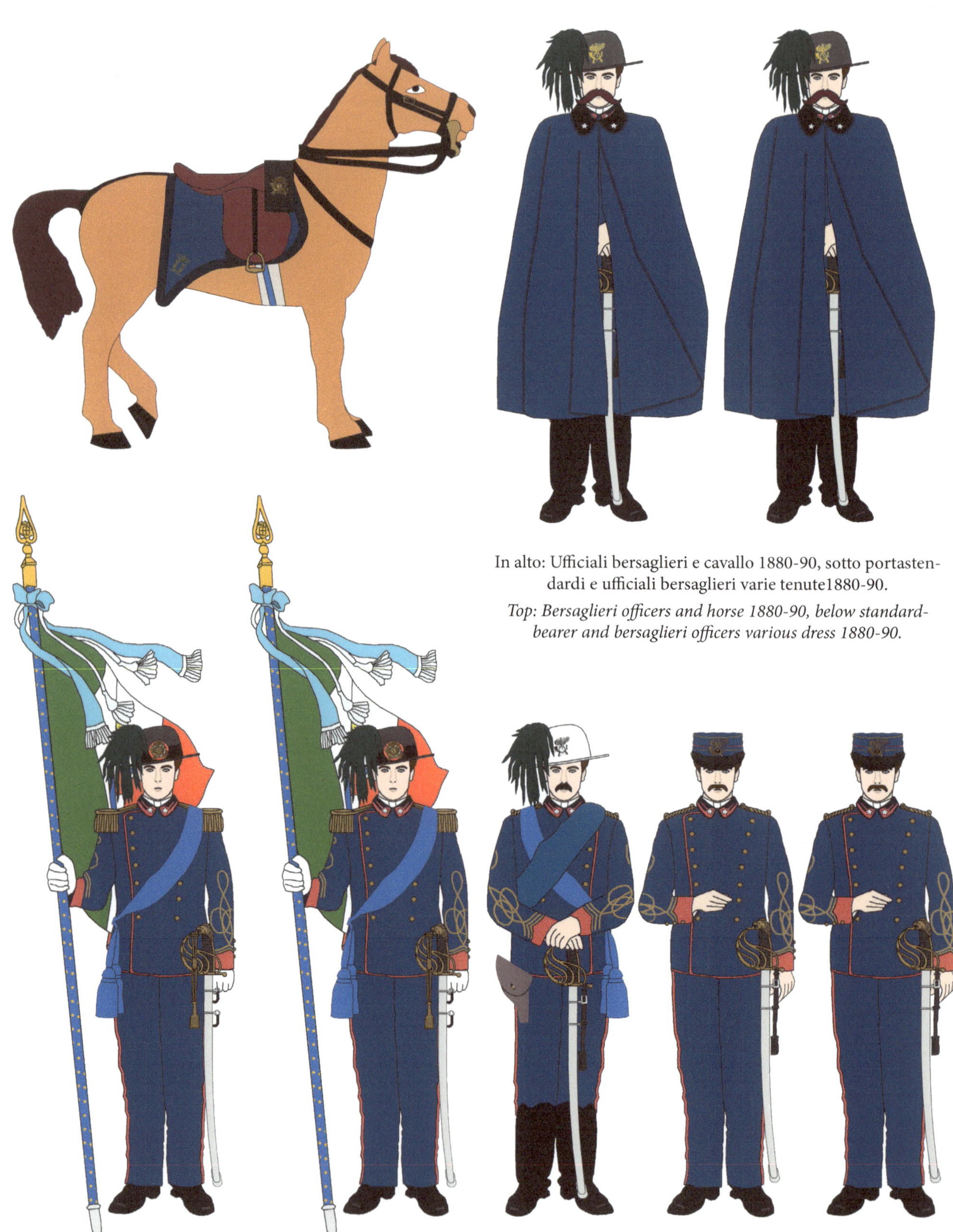

In alto: Ufficiali bersaglieri e cavallo 1880-90, sotto portastendardi e ufficiali bersaglieri varie tenute 1880-90.

Top: Bersaglieri officers and horse 1880-90, below standard-bearer and bersaglieri officers various dress 1880-90.

In alto: fanteria italiana sottufficiali 1880-90, sotto soldati di fanteria 1880-90.

Top: Italian infantry N.C.O. 1880-90, below Italian infantrymen 1880-90.

In alto: fanteria italiana e sottufficiali 1880-90, sotto soldati di fanteria 1880-90.

Top: Italian infantry and N.C.O 1880-90, below Italian infantrymen 1880-90.

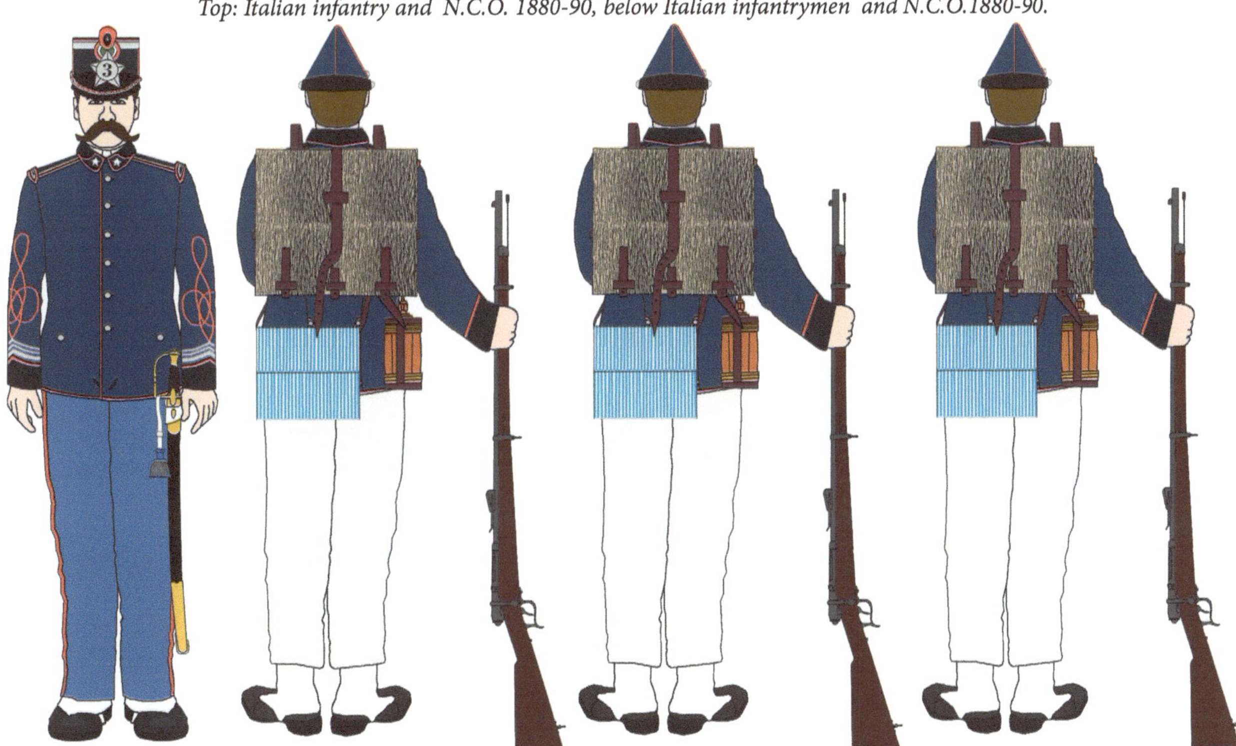

In alto: fanteria italiana e sottufficiale 1880-90, sotto soldati di fanteria e sottufficiale 1880-90.

Top: Italian infantry and N.C.O. 1880-90, below Italian infantrymen and N.C.O.1880-90.

In alto: fanteria granatieri e sottufficiale 1880-90, sotto sottufficiali dei granatieri 1880-90.
Top: Italian grenadiers and N.C.O. 1880-90, below Italian N.C.O. of grenadiers 1880-90.

In alto: fanteria granatieri e sottufficiale 1880-90, sotto truppa e sottufficiali dei granatieri 1880-90.

Top: Italian grenadiers and N.C.O. 1880-90, below Italian privates and N.C.O. of grenadiers 1880-90.

In alto: fanteria granatieri 1880-90, sotto ufficiali di fanteria italiana 1880-90.

Top: Italian grenadiers and N.C.O. 1880-90, below Italian infantry officers 1880-90.

In alto: ufficiali di fanteria 1880-90, sotto portastendardi e ufficiali di fanteria varie tenute1880-90.
Top: Infantry officers 1880-90, below standard bearer and infantry officers various dress 1880-90.

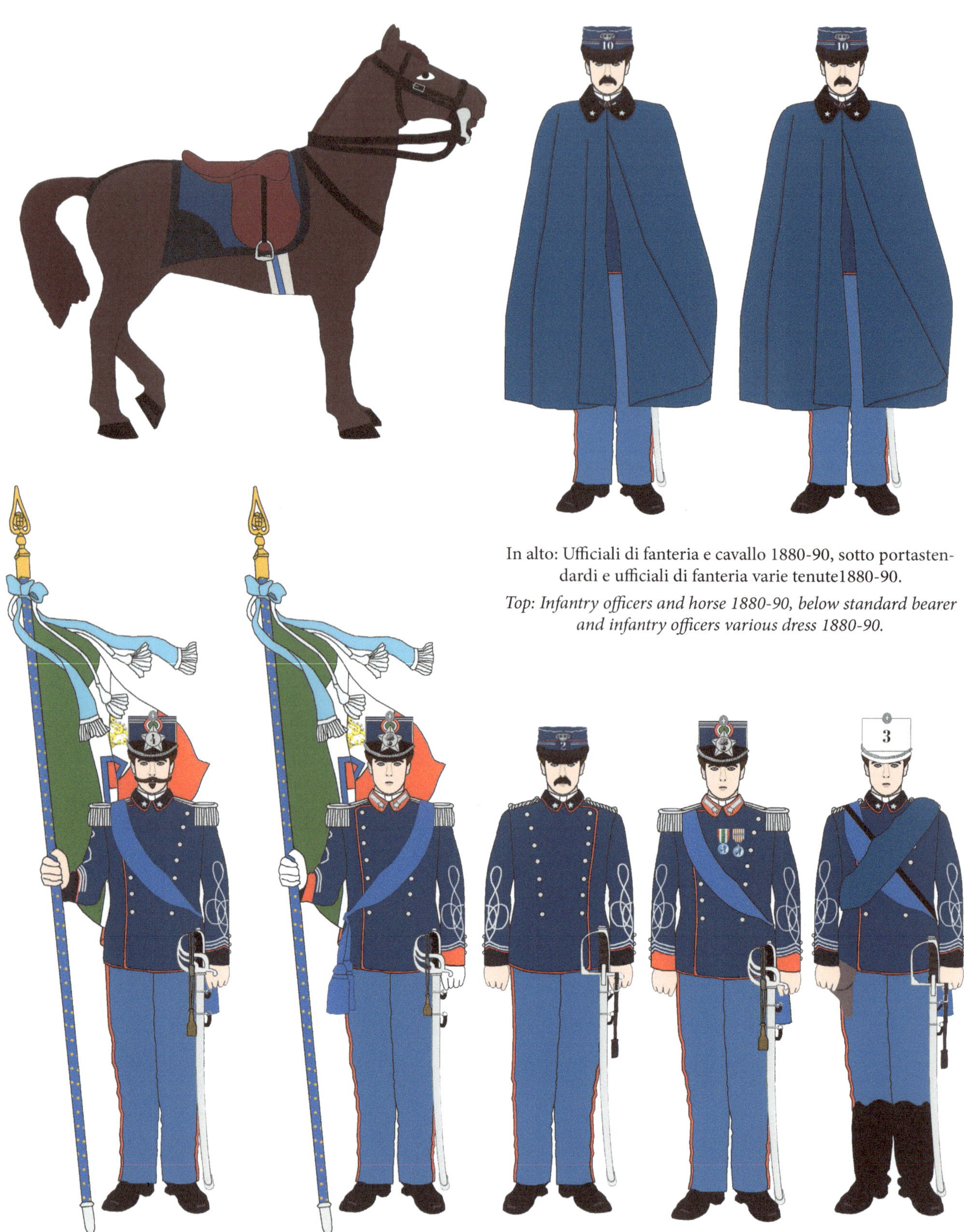

In alto: Ufficiali di fanteria e cavallo 1880-90, sotto portastendardi e ufficiali di fanteria varie tenute1880-90.

*Top: Infantry officers and horse 1880-90, below standard bearer
and infantry officers various dress 1880-90.*

In alto e sotto : Soldati d'artiglieria e sottufficiali 1880-90

At the top and below: Artillery and non-commissioned officers 1880-90

In alto e sotto : Soldati d'artiglieria e sottufficiali 1880-90

At the top and below: Artillery and non-commissioned officers 1880-90

In alto e sotto : Ufficiali d'artiglieria 1880-90

At the top and below: Artillery officers 1880-90

In alto: Soldati del genio e sottufficiali 1880-90, sotto soldati del Genio militare1880-90.
Top: Engineer soldiers and non-commissioned officers 1880-90, below Engineer soldiers1880-90.

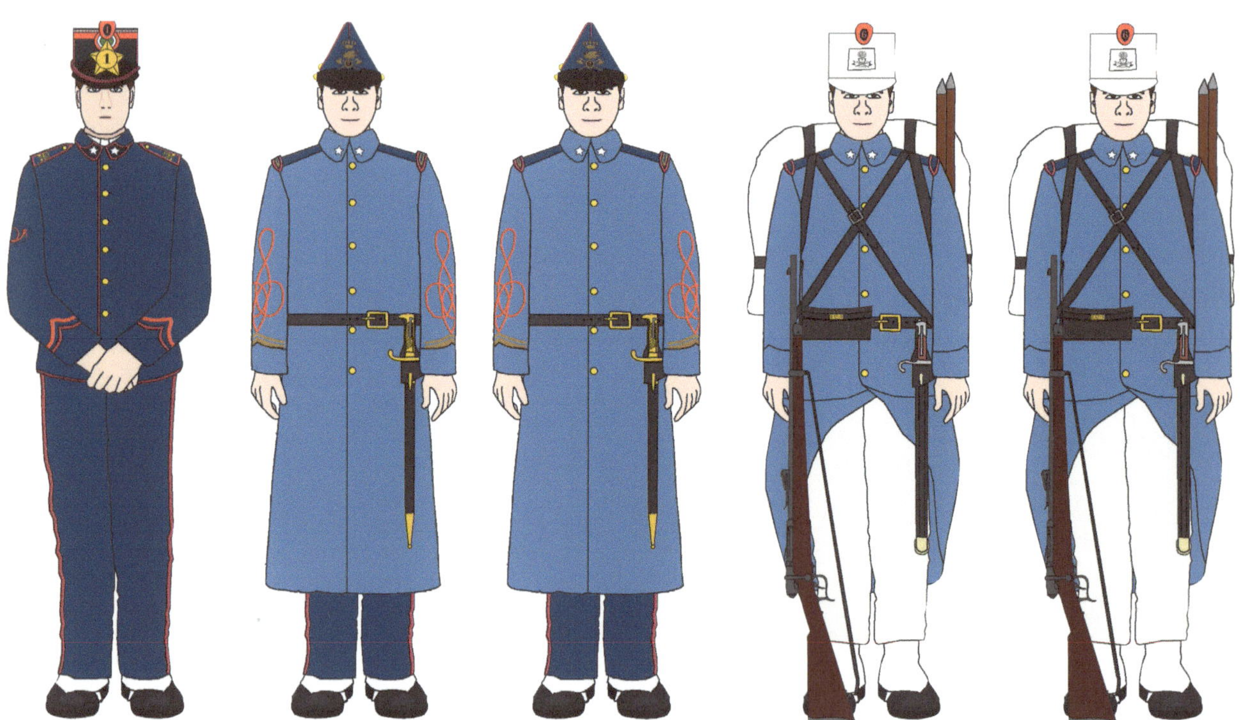

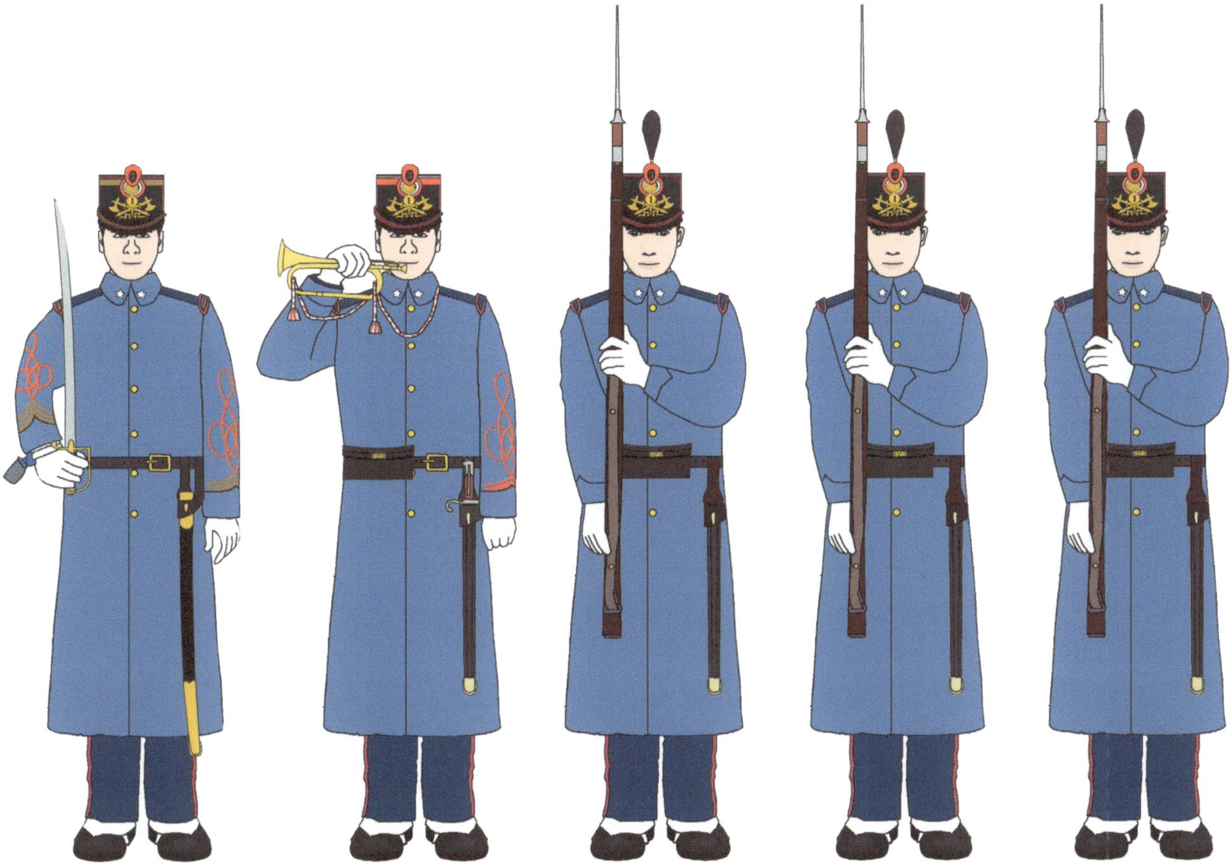

In alto: Soldati del genio e sottufficiali 1880-90, sotto ufficiali del Genio militare1880-90.

Top: Engineer soldiers and non-commissioned officers 1880-90, below Engineer officer 1880-90.

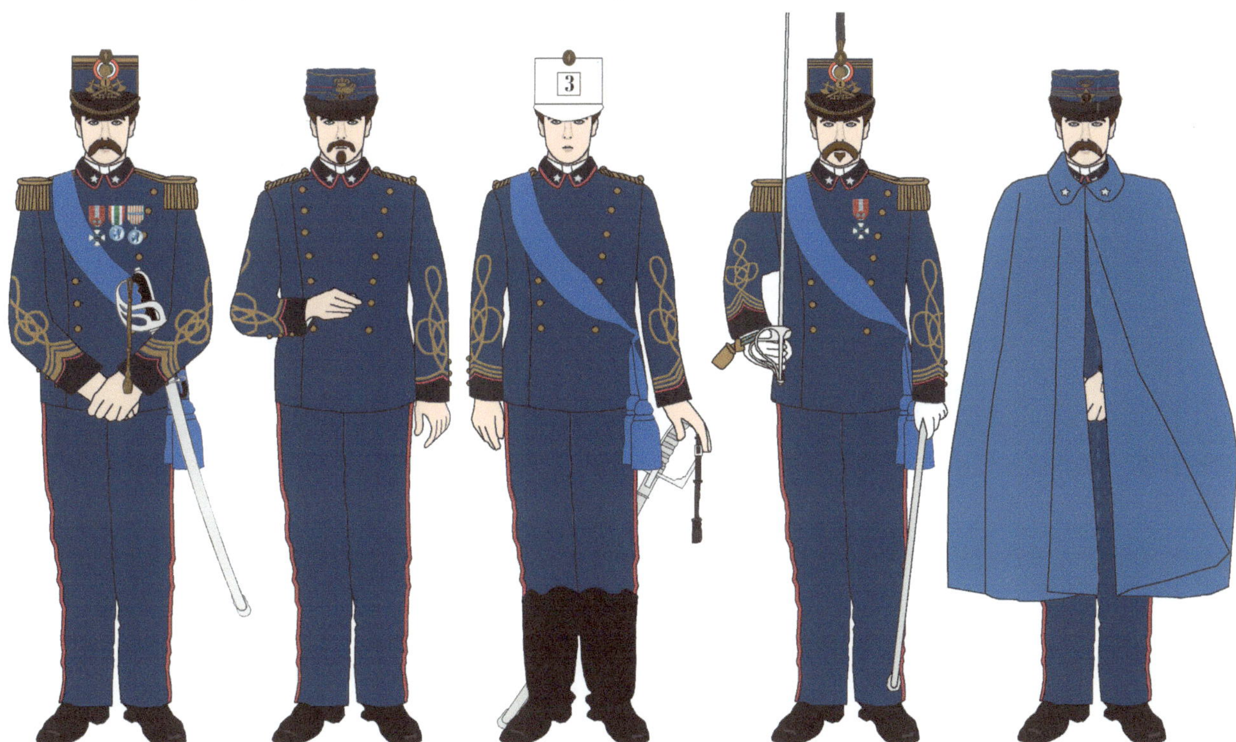

In alto e sotto :Ufficiali della Milizia Territoriale italiana 1880-1890

Above and below: Officers of the Italian Territorial Militia 1880-1890

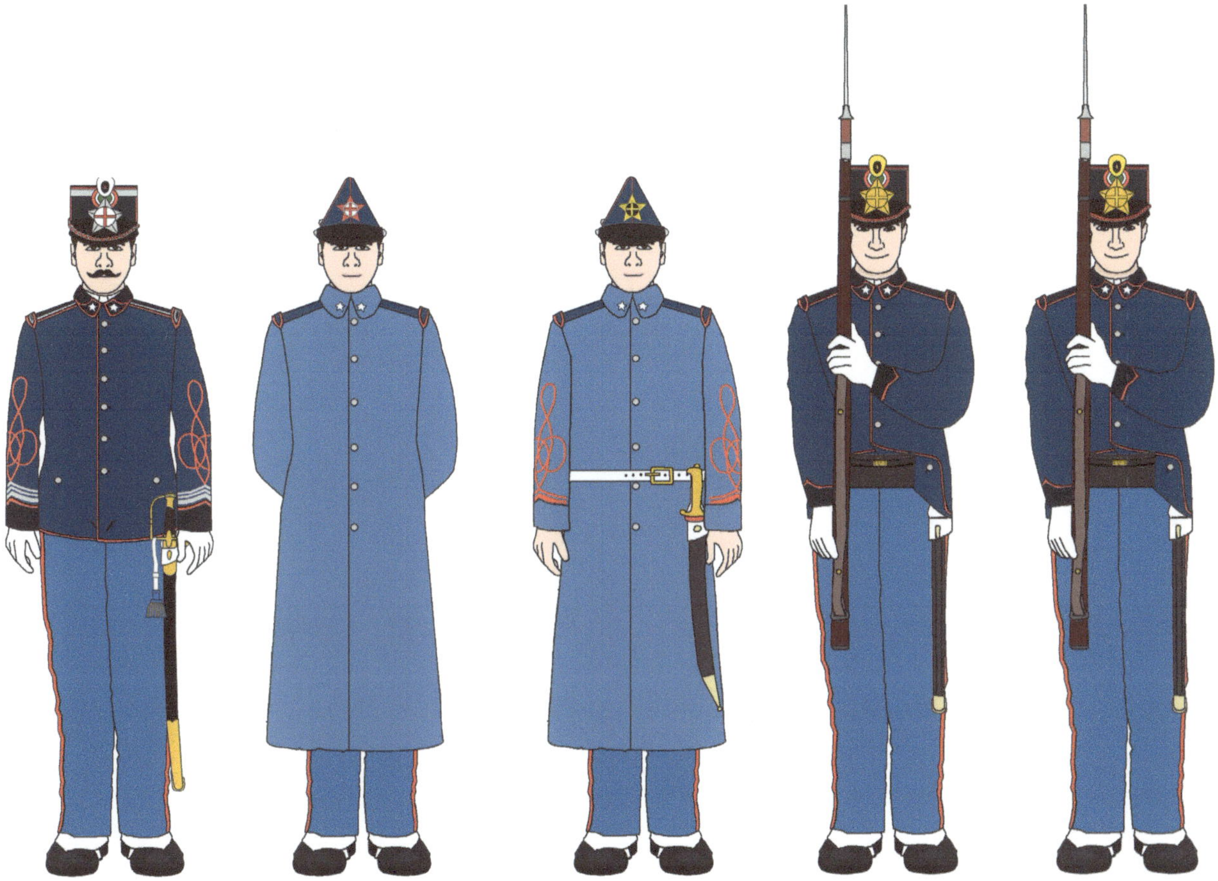

In alto : soldati della sanità e sussistenza 1880-1890. Sotto: ufficiali medici e commissario 1880-1890

Top : soldiers of health and subsistence. Below: medical officers and commissary 1880-1890

In alto e sotto :Ufficiali della Riserva e dello Stato maggiore 1880-1890

Above and below :Reserve and General Staff officers 1880-1890

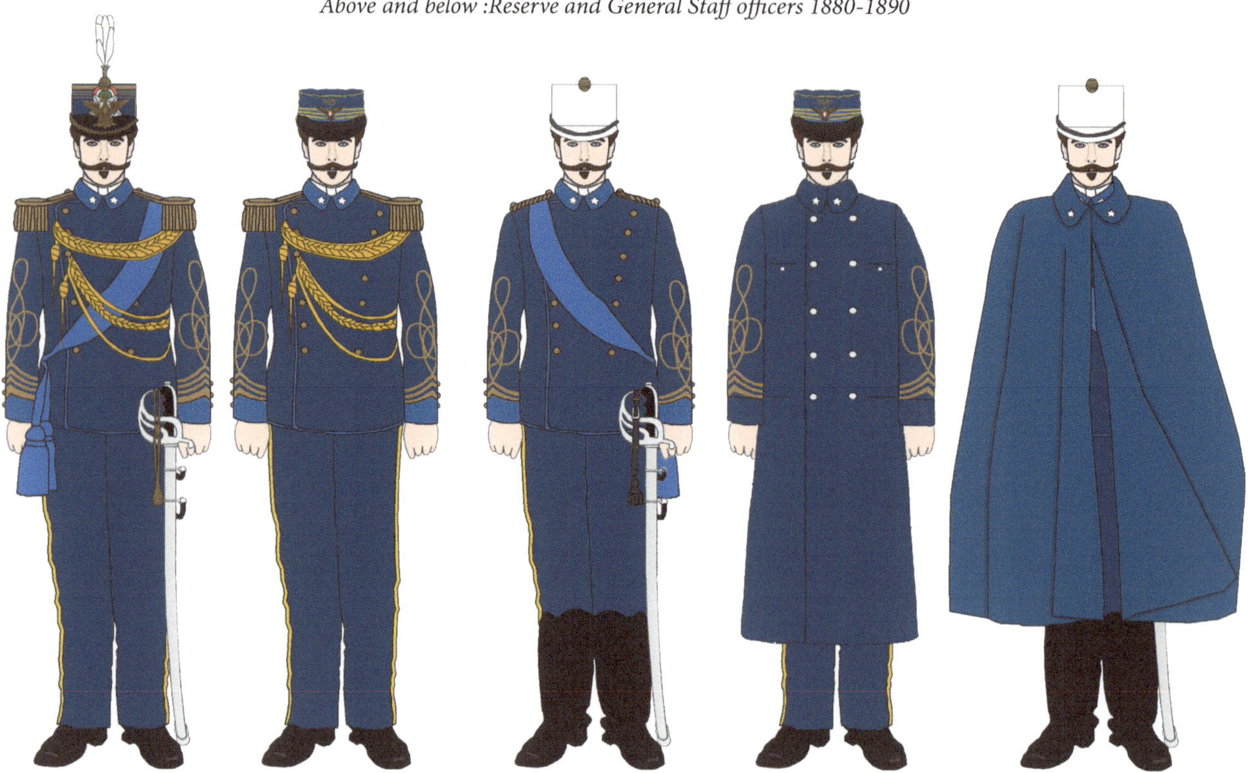

In alto e in basso : generali dell'esercito italiano in varie fogge 1880-1890.

Top and bottom : Italian army generals in various uniform dress 1880-1890.

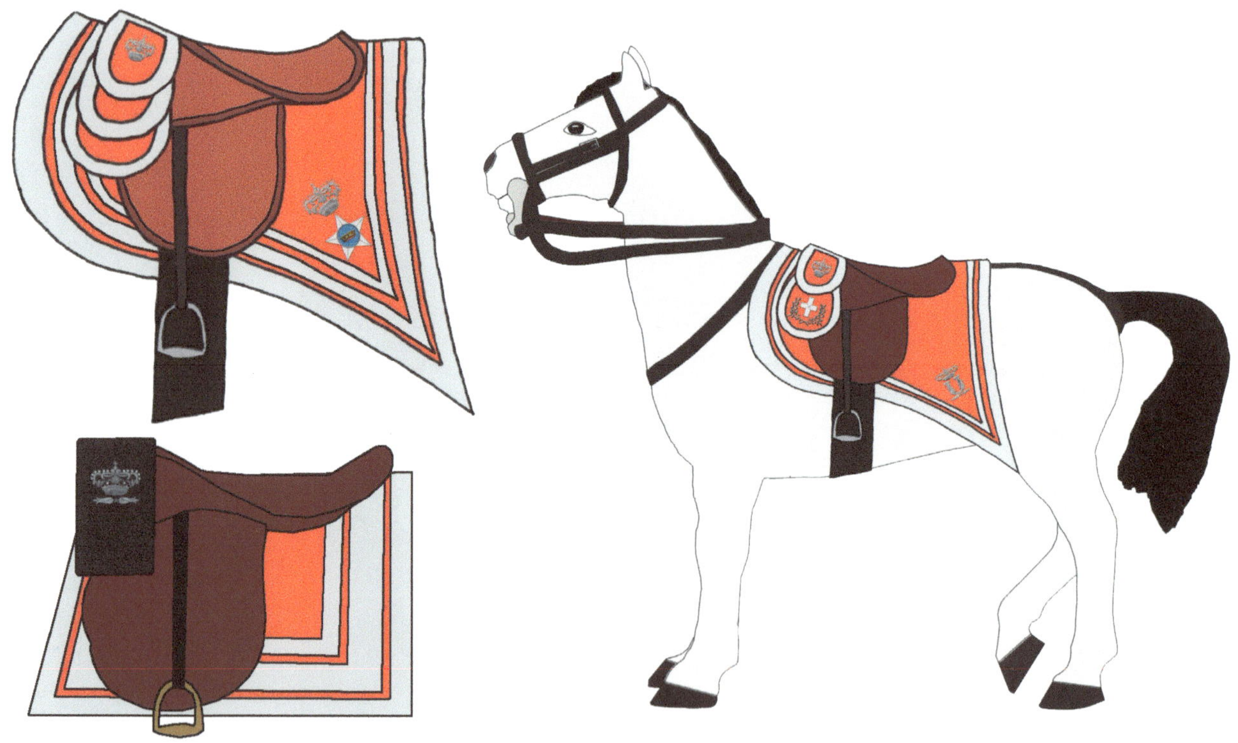

In alto: il re Umberto I nel 1880 e ufficiale di SM. Sotto cavallo e selle del re 1880-1890

Top: King Umberto Ist in 1880 and MS officer. Below horse and saddles of the king 1880-1890

Sopra e sotto: esercito italiano 1909: Fanti, bersaglieri, alpini e artiglieri.

Above and below: Italian Army 1909:Infantrymen, Bersaglieri, Alpini and Artillery men.

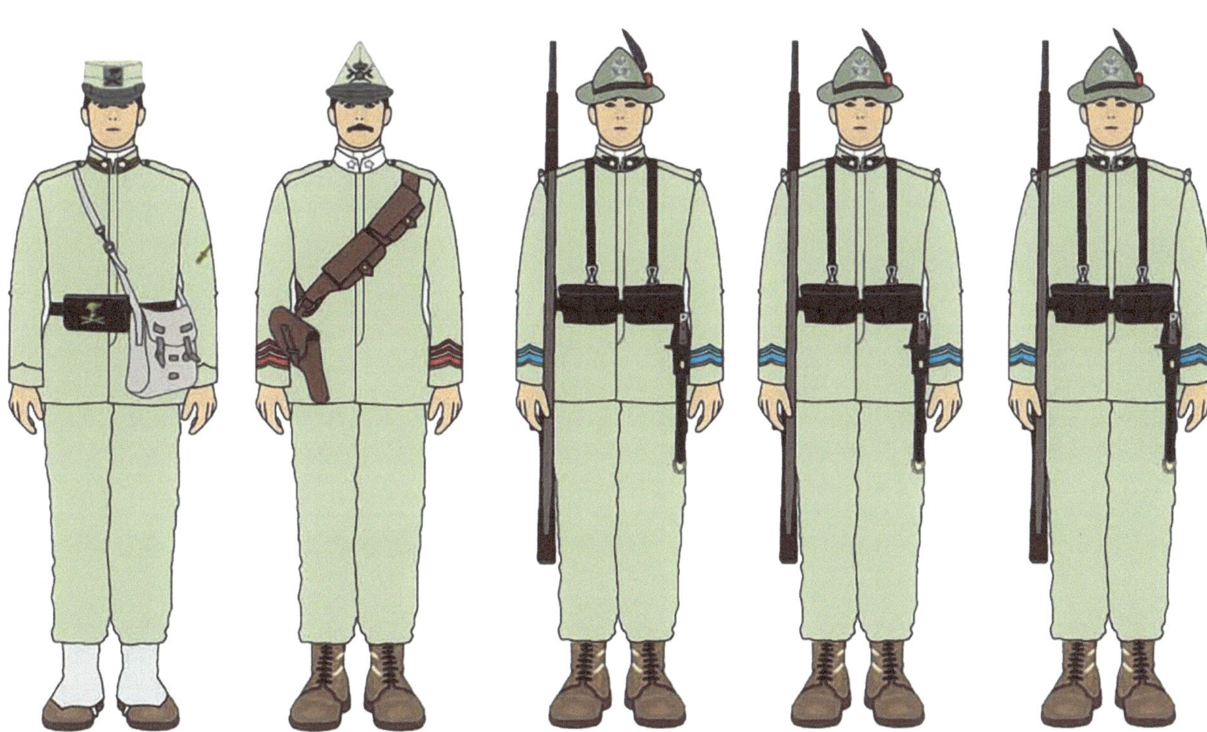

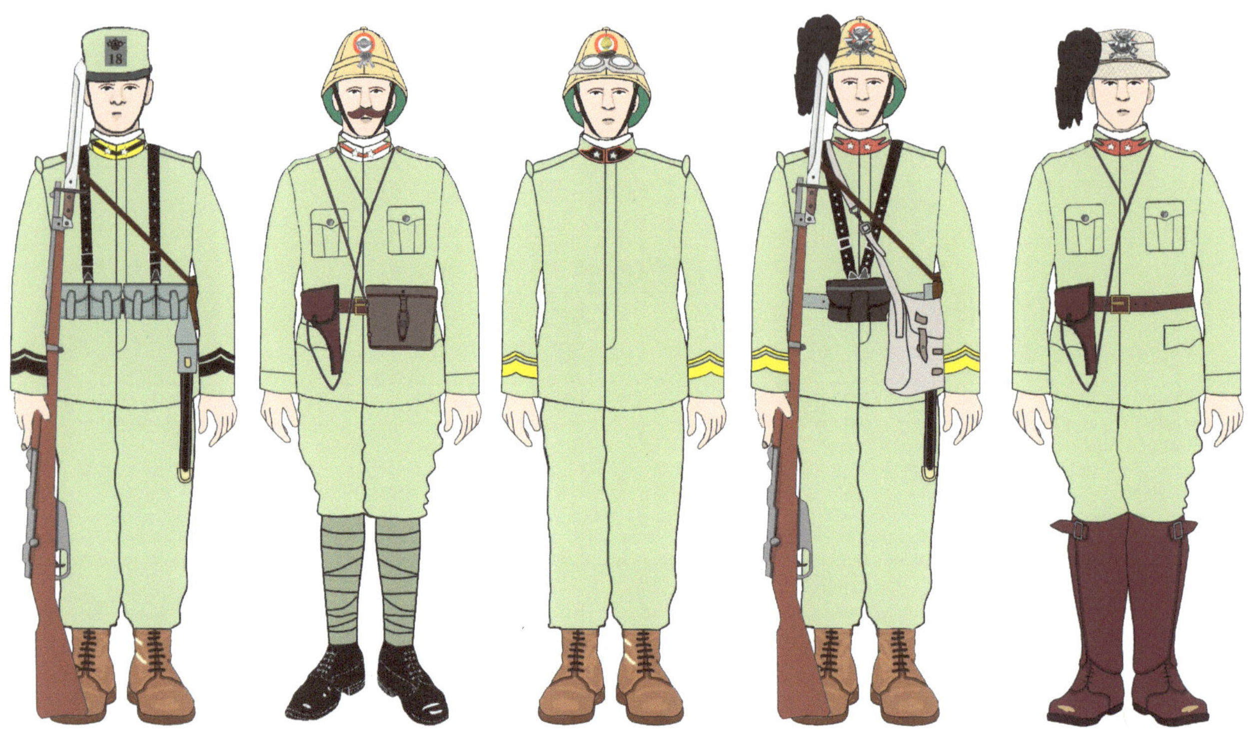

Guerra di Libia 1911: fante, ufficiale, aerostiere, bersagliere e ufficiale, alpino, cav.Lucca e ufficiale, coloniale e ufficiale granatieri.
Libyan War 1911: infantryman, officer, aerostiere, bersagliere and officer, alpine, cavalry and officer, colonial and grenadiers officer.

Guerra di Libia 1911: marinaio e ufficiale, treno, ascari libici, ufficiale 1885, cacciatori e bersaglieri
Libyan War 1911: sailor and officer, train, Libyan ascars, Italian officer 1885, infantrymen and bersaglieri.

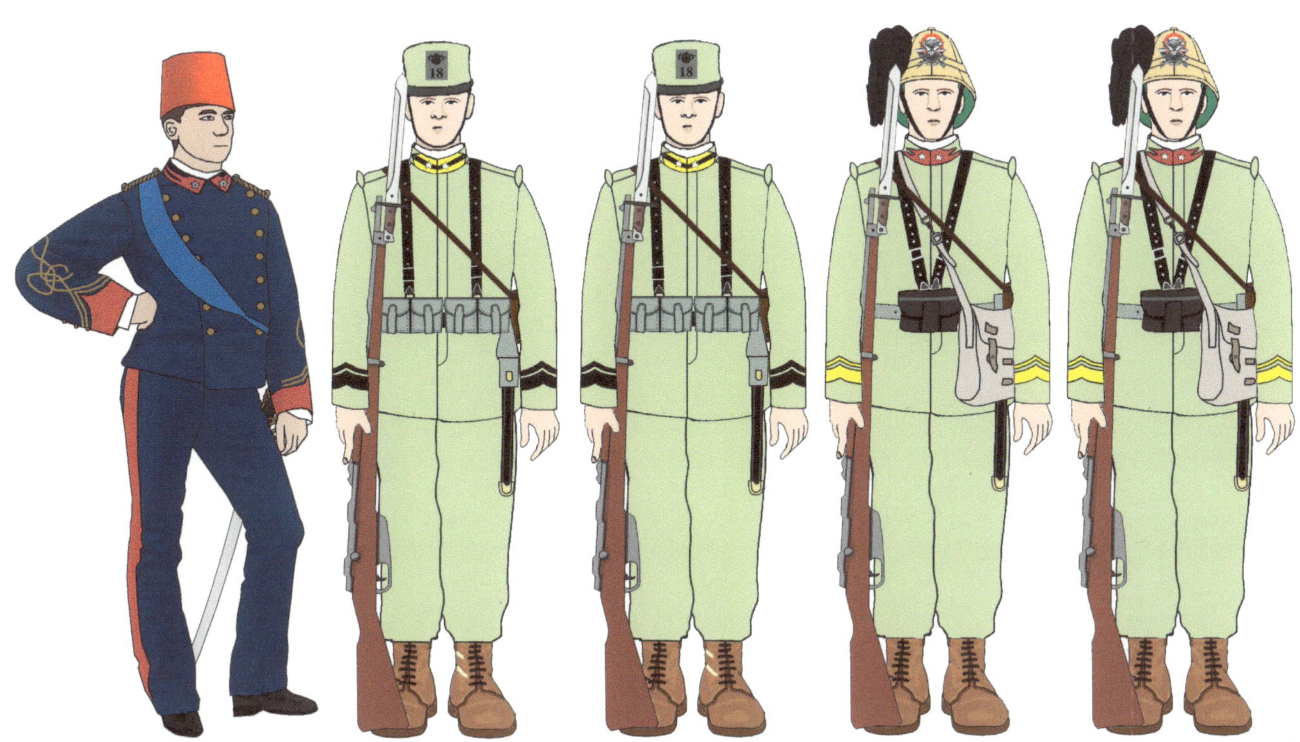

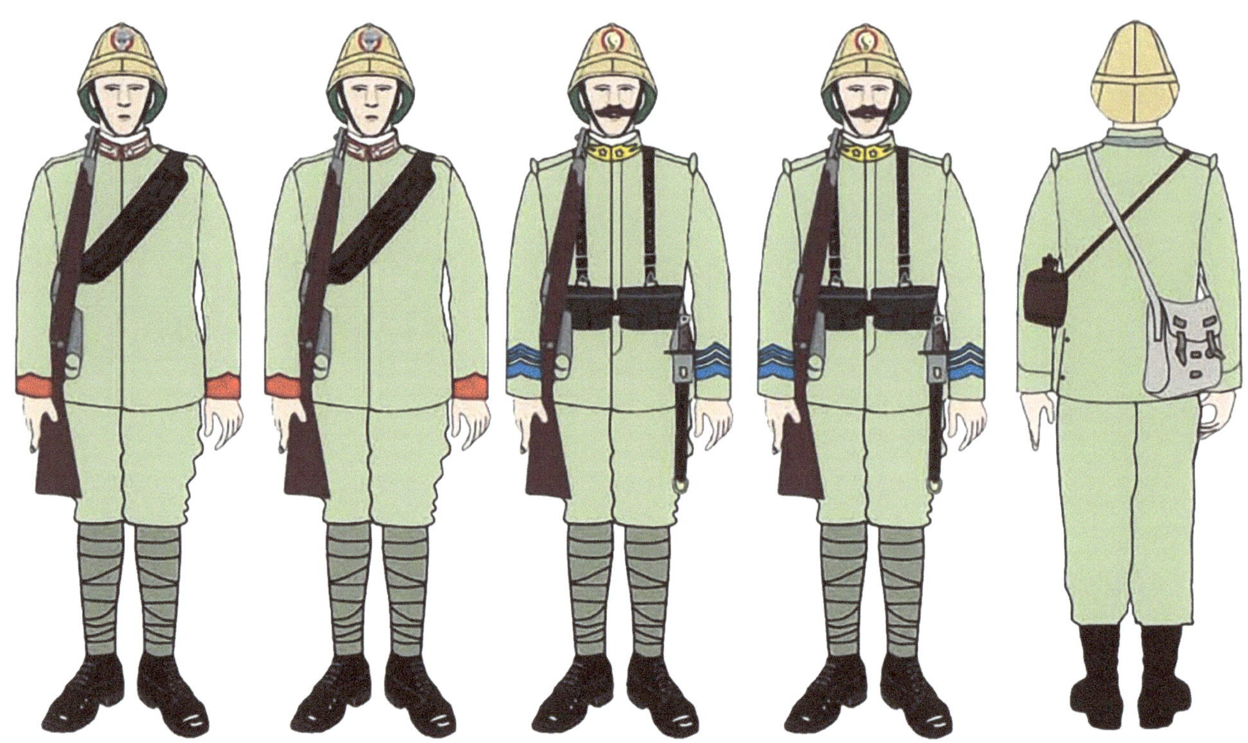

Guerra di Libia 1911: sopra carabinieri e soldati della GDF sotto: fanteria coloniale e ufficiale.
War of Libya 1911: over carabinieri and soldiers of the GDF below: colonial and officer of infantry.

Guerra di Libia 1911: sopra lanciere "Montebello" e artiglieria cammellata.
Sotto: savari e ascari libici,

War of Libya 1911: above lancer of "Montebello" and cameled artillery.
Below: Savari and Libyan Ascari,

Guerra di Libia 1911: esercito turco-arabo Fanteria, cacciatori e irregolare arabo

Libyan War 1911: Turkish-Arab Army Infantry, chasseur and Arab irregulars

TITOLI PUBBLICATI - ALREADY PUBLISHING

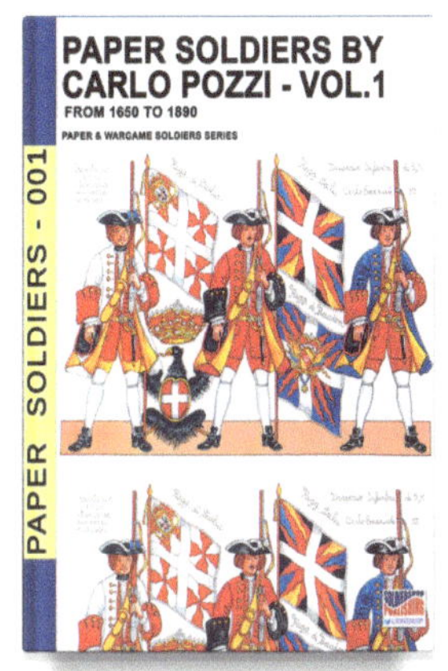

PAPER SOLDIERS - 001

PAPER SOLDIERS BY CARLO POZZI - VOL.1
FROM 1650 TO 1890
PAPER & WARGAME SOLDIERS SERIES

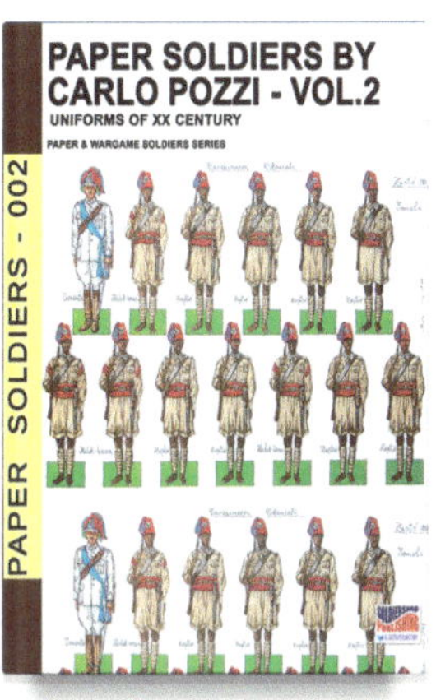

PAPER SOLDIERS - 002

PAPER SOLDIERS BY CARLO POZZI - VOL.2
UNIFORMS OF XX CENTURY
PAPER & WARGAME SOLDIERS SERIES

PAPER SOLDIERS - 003

PAPER SOLDIERS BY G.AIMARETTI - XVIIIc.
XVIII CENTURY UNIFORMS
PAPER & WARGAME SOLDIERS SERIES

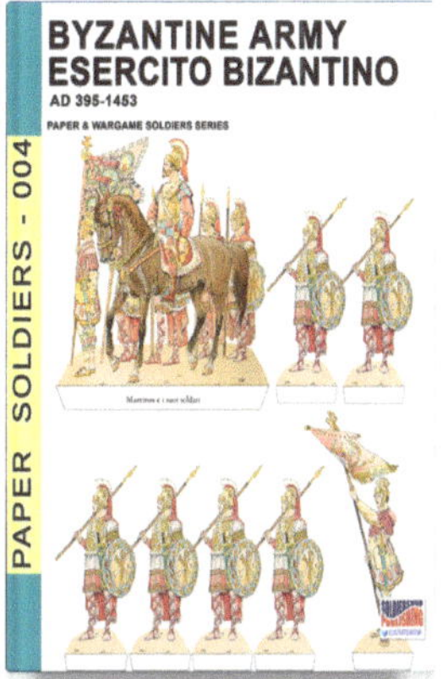

PAPER SOLDIERS - 004

BYZANTINE ARMY ESERCITO BIZANTINO
AD 395-1453
PAPER & WARGAME SOLDIERS SERIES

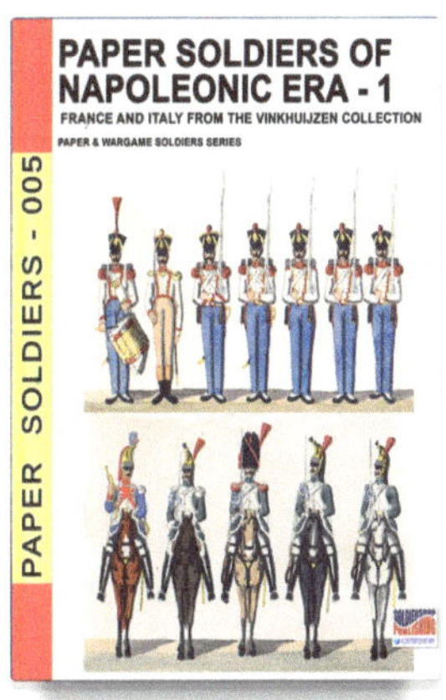

PAPER SOLDIERS - 005

PAPER SOLDIERS OF NAPOLEONIC ERA - 1
FRANCE AND ITALY FROM THE VINKHUIJZEN COLLECTION
PAPER & WARGAME SOLDIERS SERIES

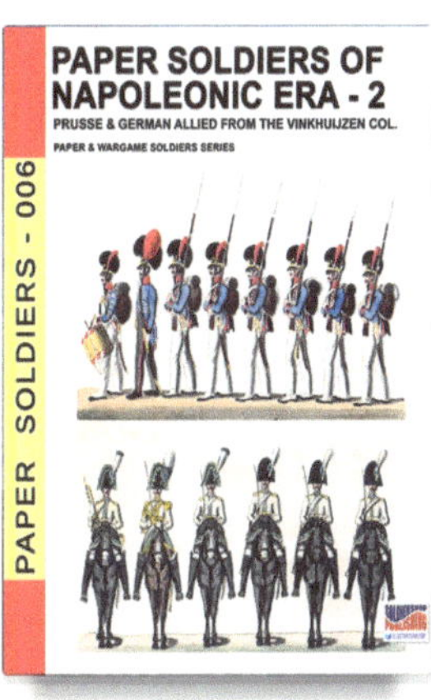

PAPER SOLDIERS - 006

PAPER SOLDIERS OF NAPOLEONIC ERA - 2
PRUSSE & GERMAN ALLIED FROM THE VINKHUIJZEN COL.
PAPER & WARGAME SOLDIERS SERIES

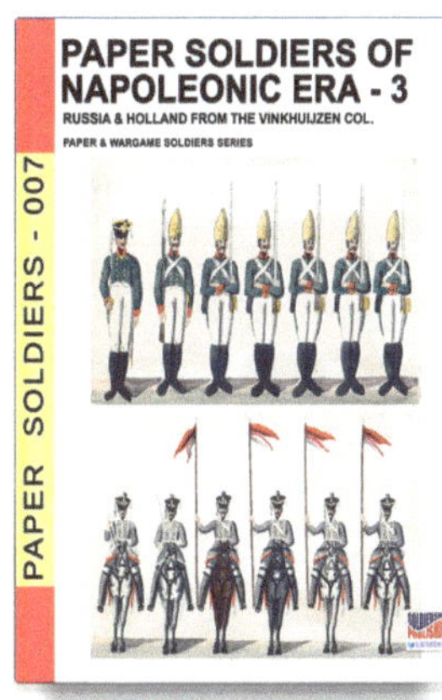

PAPER SOLDIERS - 007

PAPER SOLDIERS OF NAPOLEONIC ERA - 3
RUSSIA & HOLLAND FROM THE VINKHUIJZEN COL.
PAPER & WARGAME SOLDIERS SERIES

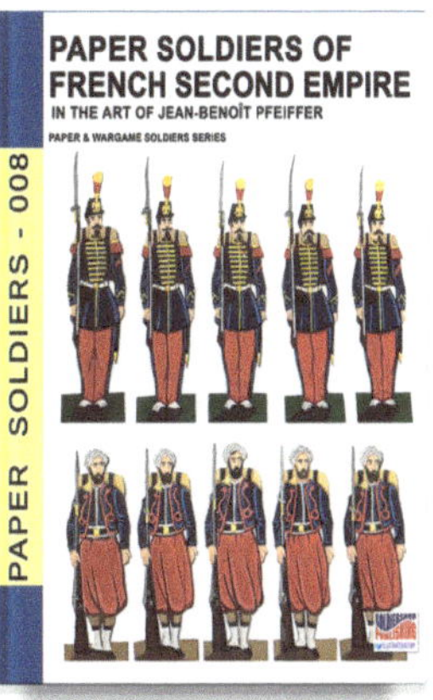

PAPER SOLDIERS - 008

PAPER SOLDIERS OF FRENCH SECOND EMPIRE
IN THE ART OF JEAN-BENOÎT PFEIFFER
PAPER & WARGAME SOLDIERS SERIES

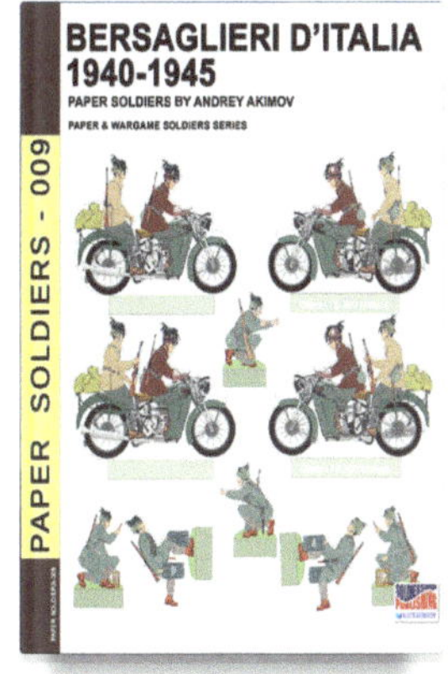

PAPER SOLDIERS - 009

BERSAGLIERI D'ITALIA 1940-1945
PAPER SOLDIERS BY ANDREY AKIMOV
PAPER & WARGAME SOLDIERS SERIES

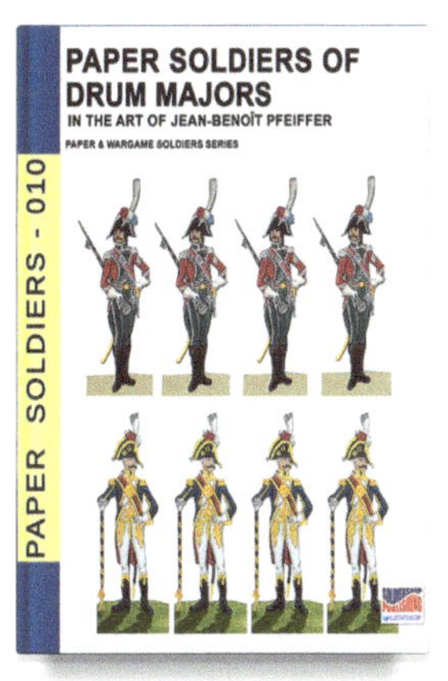

PAPER SOLDIERS - 010

PAPER SOLDIERS OF DRUM MAJORS
IN THE ART OF JEAN-BENOÎT PFEIFFER
PAPER & WARGAME SOLDIERS SERIES

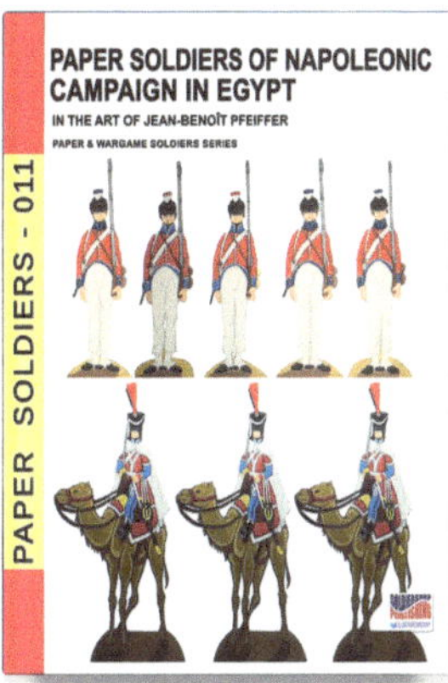

PAPER SOLDIERS - 011

PAPER SOLDIERS OF NAPOLEONIC CAMPAIGN IN EGYPT
IN THE ART OF JEAN-BENOÎT PFEIFFER
PAPER & WARGAME SOLDIERS SERIES